LIBRO AMIGO DE LOS BOSQUES
PAPEL PROCEDENTE DE FUENTES RESPONSABLES

Título original: *The Science of Rocks and Minerals*
© The Salariya Book Company Ltd., 2018
Publicado por acuerdo con IMC Agencia Literaria
Texto: Alex Woolf
Ilustraciones: Paco Sordo y Bryan Beach
Traducción: Algar Editorial
© Algar Editorial
   Apartado de correos 225 - 46600 Alzira
   www.algareditorial.com
Impresión: Anman

1.ª edición: marzo, 2020
ISBN: 978-84-9142-386-7
DL: V-397-2020

Índice

Introducción	5
La corteza de la Tierra	6
El ciclo de las rocas	8
Rocas de fuego	10
Rocas bajo presión	12
Rocas que cambian	14
Minerales	16
Cristales	18
Gemas	20
Metales	22
Oro	24
Minería	26
Cómo utilizamos las rocas y los minerales	28
Glosario	30
Índice analítico	32

Introducción

A simple vista, las rocas no parecen muy interesantes. Suelen ser de un color bastante aburrido y, si te das un golpe con una, ¡te puedes hacer mucho daño! Sin embargo, cuando las miras con más atención, descubres que en realidad son extraordinarias. Son tan viejas como nuestro planeta y se han originado y formado gracias al fuego, al viento, al agua y a inmensas cantidades de presión. Puedes observar las pruebas de su larga y violenta vida en su color, forma y textura.

Además de rocas, nuestro planeta también está lleno de minerales. De hecho, las rocas están compuestas por minerales, que son sustancias sólidas que se forman de manera natural en la Tierra. A diferencia de las rocas, los minerales tienen la misma estructura química (están hechos de la misma cosa) de arriba abajo. Son el oro, el cobre, los diamantes, el cuarzo o el mercurio. En este libro descubriremos cómo se forman y cómo y dónde se pueden encontrar, además de todos los usos que tienen.

La corteza de la Tierra

Solo ocho elementos componen el 98 % de la corteza terrestre y son el oxígeno, el silicio, el aluminio, el hierro, el calcio, el sodio, el potasio y el magnesio.

Nuestro planeta está formado por capas. La más superficial de todas se llama *corteza*. Si comparas la Tierra con un huevo, la corteza sería la cáscara dura y fina de fuera. Por debajo de esta se encuentra el *manto*, una gran masa de rocas calientes. Bajo este se encuentran el *núcleo externo* y el *núcleo interno*, que está extremadamente caliente. La mayor parte de la Tierra, alrededor del 85 %, la forma el manto. La corteza solo supone el 0,4 % de la masa de nuestro planeta, aunque es la única parte que vemos y exploramos. Es básicamente una masa sólida de rocas y minerales, conocida como *sustrato rocoso*, con una capa menos compacta de arena, tierra, arcilla y trozos de rocas por encima.

Dos tipos de corteza

La corteza que cubre las partes secas del mundo es diferente de la corteza de debajo de los océanos. La continental mide entre 30 y 50 kilómetros de profundidad, mientras que la oceánica, entre 5 y 10. La corteza continental está hecha de rocas menos densas, como el granito, y la oceánica está compuesta por rocas de alta densidad, como el basalto.

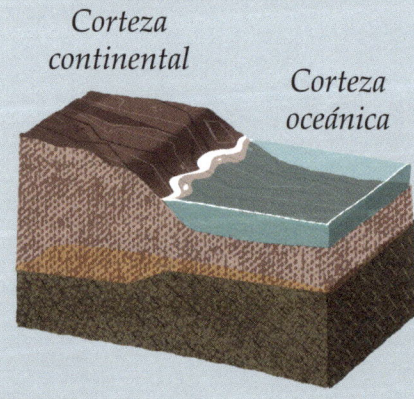

Corteza continental
Corteza oceánica

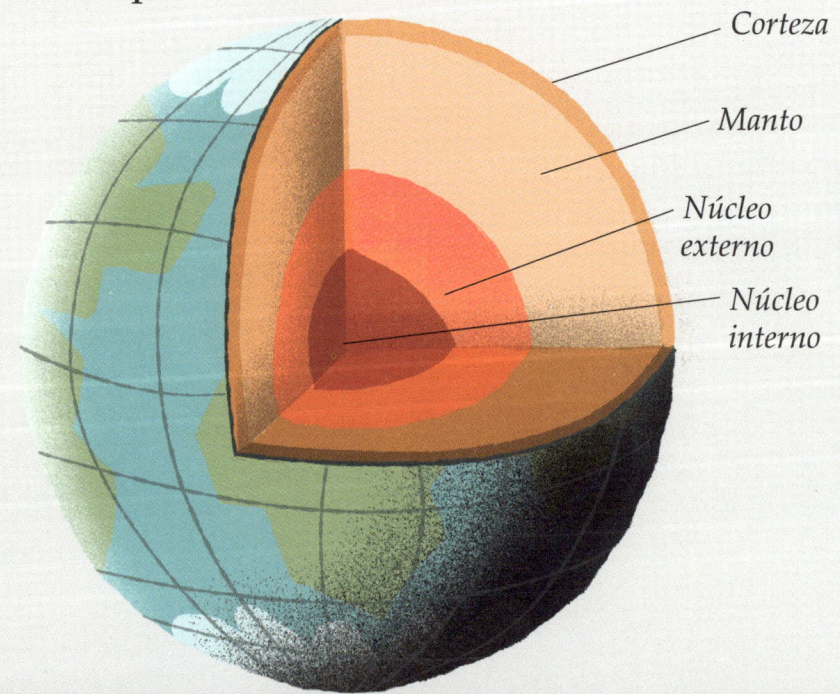

Corteza
Manto
Núcleo externo
Núcleo interno

Tierra

La capa más fina y superficial de la corteza, la que podemos ver, es la tierra. Es vital para nuestro planeta, ya que es donde crecen las plantas. Está formada por partículas muy finas de roca y restos de plantas y de animales muertos. Las lombrices se alimentan de estos residuos y aumentan fertilidad de esta.

Afloramientos

Algunas veces el sustrato rocoso sale a la superficie a través de la tierra. Estas formaciones se llaman *afloramientos* y se pueden ver en las laderas de las colinas o en los márgenes de los ríos donde el viento o el agua erosionan la tierra. ¡Algunos afloramientos son espectaculares!

No te pongas mucha, hijo, que es una tierra muy rica.

¡Un monstruo!
No, es un afloramiento.

En las partes más débiles de la corteza, donde se juntan los límites de las placas tectónicas (ver mapa), el magma (rocas fundidas del manto) puede salir a la superficie a través de un volcán. Los terremotos se producen cuando dos placas tectónicas chocan entre sí.

Dato fascinante

La corteza de la Tierra y la capa superior del manto están partidas en piezas enormes llamadas *placas tectónicas*. Estas placas se mueven sin parar a una velocidad de unos pocos centímetros al año. Durante millones de años este movimiento ha hecho que los continentes se desplazaran miles de kilómetros. Este proceso se llama *deriva continental*.

El ciclo de las rocas

Las rocas están en un proceso constante de cambio de un estado a otro. No notamos este «ciclo de las rocas» porque ocurre muy poco a poco durante millones de años. La mayor parte empiezan siendo rocas ígneas, que se forman cuando el magma se enfría y forma cristales. Si las rocas ígneas salen a la superficie, pueden transformarse, mediante la meteorización y la erosión, en rocas sedimentarias. Si se mantienen enterradas, el calor y la presión las transformarán en rocas metamórficas, que pueden convertirse tanto en rocas ígneas como en sedimentarias. Este ciclo nunca se para.

Las rocas nuevas se suelen formar donde las placas tectónicas se fracturan, lo que provoca que el magma salga a la superficie desde el manto. El magma se enfría y forma las rocas ígneas.

3

Si rocas ígneas o sedimentarias se quedan enterradas más hondo, el calor y la presión las cuecen. Las rocas cocidas no se funden, sino que forman cristales y se convierten en rocas metamórficas.

Enfriamiento

Fusión

Calor y presión

Roca metamórfica

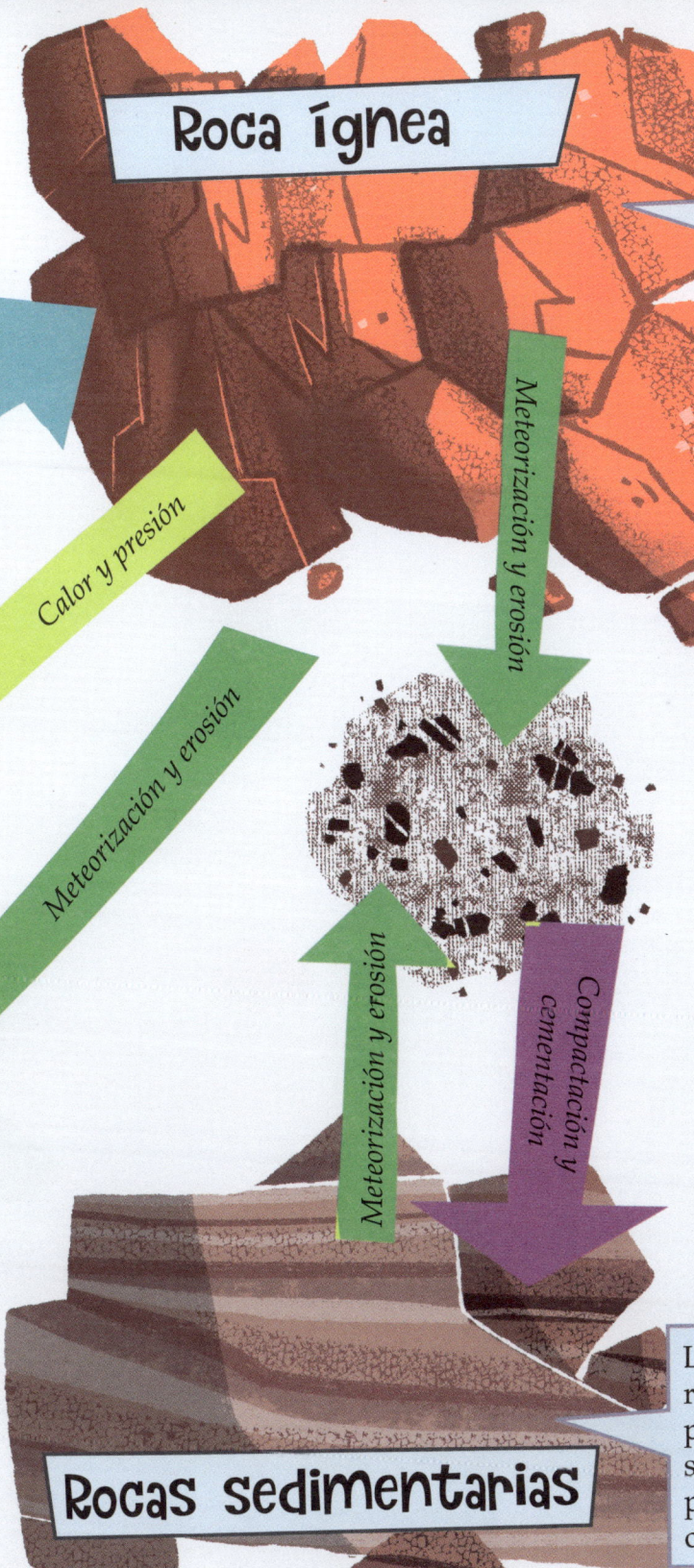

Roca ígnea

1 Las rocas ígneas se forman cuando el magma (rocas fundidas del manto terrestre) sube más cerca de la superficie de la Tierra, donde se enfría y se solidifica.

Por qué ocurre

Cuando las placas tectónicas chocan entre ellas, forman montañas. El proceso de construcción de las montañas produce calor y transforma las rocas en metamórficas. La meteorización y la erosión rompen las rocas metamórficas y los ríos se llevan los restos y forman sedimentos. Así es como las rocas metamórficas se transforman en rocas sedimentarias.

2 La meteorización y la erosión hacen que las rocas ígneas se deshagan en piezas cada vez más pequeñas. El viento y el agua las transportan y se amontonan en pilas llamadas *estratos*. Con el paso del tiempo, los estratos se compactan y se cementan para formar rocas sedimentarias.

Rocas sedimentarias

Rocas de fuego

Las rocas ígneas suponen alrededor del 15 % de la corteza continental y la mayor parte de la corteza oceánica.

La palabra *ígneo* viene de la palabra latina *ignis*, que significa 'de fuego'. Las rocas ígneas se forman cuando el magma caliente del manto de la Tierra se enfría y se solidifica. El proceso de enfriamiento produce cristales. Si se enfría rápidamente, los cristales serán pequeños. Esto puede suceder si el magma entra en erupción en un volcán y se enfría en la superficie (roca ígnea extrusiva). Algunos ejemplos de esta clase de rocas son la obsidiana y el basalto. Si el magma se enfría lentamente, bajo el suelo, por ejemplo, los cristales de roca serán más grandes (roca ígnea intrusiva). Algunos ejemplos de este tipo de rocas son el granito y el gabro.

De lava a roca

El magma que ha salido a la superficie de la Tierra a través de un volcán se llama *lava*. La lava forma una corteza delgada que se enfría en unos 10 o 15 minutos, pero el magma que se encuentra bajo la superficie puede tardar meses, e incluso años, en transformarse en roca, dependiendo de su espesor.

Formación de rocas ígneas volcánicas

Formación de rocas ígneas plutónicas

El basalto está hecho de una lava muy oscura y espesa que se puede mover largas distancias hasta que se solidifica en capas finas. Los traps son grandes extensiones de tierra cubiertas por lava de basalto solidificada. Los conos volcánicos son montañas en forma de cono formadas por las rocas de basalto que salieron expulsadas de un volcán.

La obsidiana es una roca ígnea extrusiva que se enfría rápidamente y con muy poca cristalización. Se enfría en forma de vidrio negro, duro, liso y frágil. Cuando se rompe, lo hace con los bordes muy afilados y los aztecas la usaban para fabricar cuchillos y lanzas.

Buena lanza.

El volcán debería llevarse parte del mérito.

Granito

El granito es una roca ígnea intrusiva, normalmente blanca, rosa o gris. Contiene minerales como el cuarzo o el feldespato, que originan cristales cuando se forman. Se pueden ver muy fácilmente cuando se pule y se talla. Se puede esculpir y es resistente al agua y a la contaminación. Se ha utilizado para la construcción desde los tiempos del antiguo Egipto.

¿No la podrían haber construido de un material más ligero?

Dato fascinante

La Tierra es el único planeta del sistema solar donde se puede encontrar granito.

Sus volcanes producen una clase de roca muy rara.

Rocas bajo presión

Ondas del tiempo

A lo largo del tiempo, la acción del agua y del viento hace que la arena se amontone. Al final, los montones pesan tanto que la arena se compacta y se cementa en forma de gres. Las ondas causadas por las olas se conservan en forma de dibujos en la roca.

Las rocas sedimentarias se forman cuando los sedimentos (trozos de rocas) se aplastan con el paso del tiempo por el peso de otros sedimentos que se depositan encima. Durante el proceso, llamado *de compactación*, el agua se expulsa de entre los sedimentos y se forman cristales. Estos producen un pegamento que los une en un proceso llamado *de cementación*. A causa de su formación, las rocas sedimentarias tienen capas visibles. Pueden contener fósiles de animales y plantas que se quedaron atrapados en medio cuando se formaron las rocas. Algunos ejemplos son la creta, la caliza y el gres.

Algún día seremos fósiles.

Océano

Tierra

Material llevado por el río o transportado por el viento

Plantas o animales muertos

Formación de capas de sedimento

Con el tiempo, las capas inferiores se convierten en roca

Rocas agrietadas

La lutolita se forma del mismo modo que el gres, pero, en este caso, las partículas de roca son mucho más pequeñas. Cuando el barro se solidifica, suelen aparecer unas grietas en la superficie que se mantienen cuando se transforma en roca. A veces, la lutolita se encuentra con marcas de gotas de lluvia.

¡Tranquila! ¡Estas grietas tienen unos cuantos años!

Existe una clase de roca sedimentaria muy rara que proviene del espacio. A veces, un asteroide choca contra la Tierra con tanta fuerza que rompe las rocas y las funde en una nueva roca sedimentaria.

Caliza

Algunas rocas sedimentarias están hechas de restos de seres vivos. La caliza, por ejemplo, está hecha de caparazones de animales. Cuando mueren, el caparazón se descompone y el calcio que contiene se combina con otros elementos y se endurece en forma de roca. La tiza es un tipo de caliza.

Resulta raro pensar que un día puede que nos utilicen para escribir en una pizarra.

De acuerdo, lo dejamos en empate.

¿Te lo puedes creer?

En China se encontró un fósil de dos dinosaurios peleándose en una gigantesca duna de arena que se había solidificado. Las investigaciones apuntan a que un velocirraptor y un protoceratops estaban en medio de una pelea cuando se quedaron atrapados a causa del corrimiento de una duna.

13

Rocas que cambian

Mármol

En la antigua Grecia llamaban al mármol «la piedra brillante». Su belleza y suavidad, así como su superficie cerosa, lo convirtieron en un material de deseo para los escultores de todos los tiempos. En realidad, el mármol es una roca metamórfica que se forma a partir de los sedimentos de caliza.

— Miguel Ángel, ¿por qué esculpes a David?
— Porque no tenía suficiente mármol para esculpir a Goliat.

La palabra *metamorfosis* es originaria del griego y significa 'cambiar de forma'. Las rocas metamórficas se llaman así porque siempre empiezan siendo otro tipo de roca, ya sea sedimentaria, ígnea o incluso otro tipo de roca metamórfica. La roca original se somete a temperaturas muy altas y a mucha presión muy por debajo de la superficie terrestre. Este aumento de temperatura y de presión puede estar causado por el contacto con el magma o por las colisiones entre las placas tectónicas. A lo largo del tiempo, estos procesos ocasionan cambios químicos en las rocas. El mármol y la pizarra son dos ejemplos de rocas metamórficas.

De los tres tipos de roca que forman los continentes de la Tierra, las metamórficas son las más abundantes.

Presión

Presión

Presión

Formación de rocas sedimentarias

Capas de rocas sedimentarias

Calor y presión

Magma

Pizarra

La pizarra es una roca metamórfica formada a partir de lutolita o lutita, que son rocas sedimentarias. Está hecha de capas muy finas y planas que se pueden separar. Se suele utilizar para hacer tejados, y sus capas finas y suaves hacen que sea un material idóneo para las bases de las mesas de billar. En el siglo XIX se utilizaba para hacer pizarritas para las escuelas.

Pruébalo

Si quieres comprobar cómo el calor y la presión pueden cambiar las cosas de manera permanente, aprieta un trozo de pan con las manos y dale forma de bola. Como ocurre con las rocas metamórficas, el pan ha cambiado y no puede volver a su estado original.

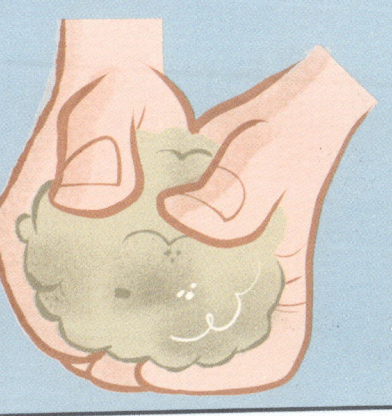

Me siento un poco presionado.

Fósiles defectuosos

Algunas veces se pueden encontrar fósiles en rocas metamórficas, pero solamente si se han formado a partir de una roca sedimentaria que ya tenía el fósil. Sin embargo, es muy probable que el fósil esté roto, torcido o deformado a causa de los cambios físicos que ha experimentado la roca.

La pizarra es un ejemplo de roca metamórfica con foliación. Estas rocas, que consisten en bandas de capas paralelas, se encuentran más cerca de la superficie de la Tierra y están sometidas a presiones más bajas.

15

Minerales

Alrededor del 99 % de los minerales que se encuentran en la corteza terrestre están hechos de ocho elementos: oxígeno, silicio, aluminio, hierro, calcio, sodio, potasio y magnesio.

Los minerales son sustancias sólidas que se encuentran de manera natural en la Tierra. Son diferentes de las rocas porque los minerales tienen la misma estructura química de arriba abajo. Pueden estar constituidos por un solo elemento (como el cobre) o por una combinación de elementos (como la fluorita, que está hecha de calcio y flúor). Utilizamos los minerales de muchos modos distintos: con el cuarzo hacemos cristal, y nuestro cuerpo necesita calcio para tener los huesos y los dientes fuertes. La leche es una buena fuente de este último.

Brillo

Un modo de definir los minerales es a partir de su brillo, es decir, de la forma en la que reflejan la luz. El brillo puede ser adamantino, vítreo, graso, metálico, perlado, nacarado, sedoso o resinoso. El ópalo, por ejemplo, tiene un brillo graso, y el yeso, sedoso.

Yo diría que su brillo es metálico.

Puede que sea porque es un metal.

Necesitas beber más leche para los huesos.

La leche con chocolate hace lo mismo.

Dureza

Otro modo de clasificar los minerales es según su dureza (lo fácil que es rallar su superficie). La escala de Mohs los clasifica del 1 al 10. El 1 es el mineral más blando, el talco, y el 10 es el más duro, el diamante.

Premios Mohs

Raya

Los minerales también se pueden definir gracias a la raya, que muestra su color en forma de polvo. Para determinar la raya de un mineral, se frota sobre una superficie dura, como la porcelana. A veces, el color de un mineral es diferente del color de su raya.

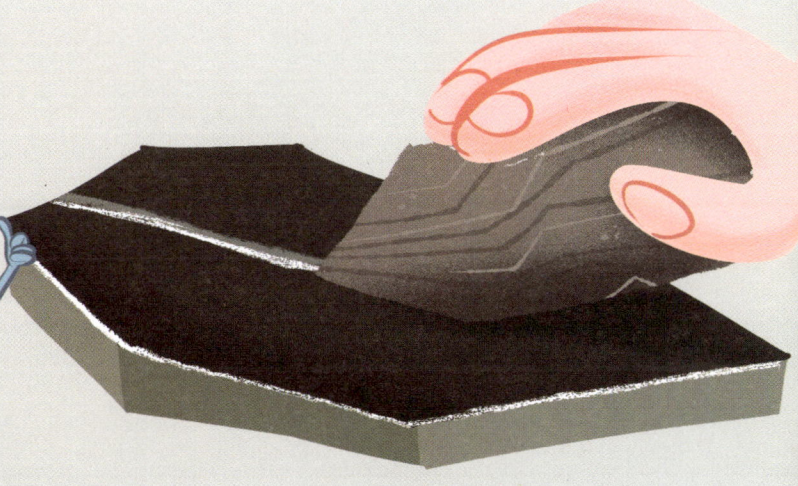

También se estudia su exfoliación, es decir, cómo se rompen. Por ejemplo, algunos minerales se rompen en cubos pequeños, mientras que otros se rompen en láminas muy finas.

¿Te lo puedes creer?

¿Y dices que eres un metal?

Cuando pensamos en los minerales, pensamos que todos son sólidos, pero hay una excepción: el mercurio. Es el único mineral, y también el único metal, que se encuentra en estado líquido a temperaturas normales.

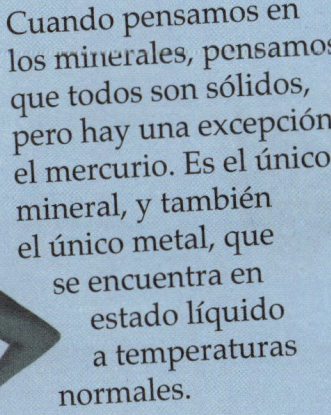

Cristales

Los minerales hacen crecer cristales, que se forman cuando las rocas fundidas se enfrían y se endurecen lentamente. Fuerzas eléctricas provocan que los átomos de las rocas se aferren los unos a los otros formando patrones tridimensionales regulares que originan cristales. Así es como se forman los más valiosos, como los diamantes, las esmeraldas y los rubíes. También se pueden formar cuando el agua se evapora de una disolución. En el agua salada, por ejemplo, se forman cristales de sal cuando el agua se evapora.

La forma de los cristales

Los cristales forman toda clase de figuras geométricas. Sus superficies planas, o caras, pueden ser triangulares, rectangulares o cuadradas. Algunos cristales parecen cajas con seis, ocho o incluso doce lados, o cubos con un lado más largo. Otros tienen formas más aleatorias.

Unos pocos minerales producen cristales líquidos. Son materiales semisólidos y semilíquidos. Fluyen como un líquido, pero sus moléculas están ordenadas, como en los cristales sólidos. La mayoría de las pantallas de las televisiones y ordenadores los utilizan para reproducir las imágenes.

¡Estas piedras son un rollo!

Cueva de cristales

Algunos cristales se forman cuando agua caliente subterránea sale a través de grietas y agujeros en las rocas y deposita minerales lentamente. Al enfriarse, forma cristales brillantes. La cueva de los Cristales, en Naica, en Chihuahua, México, tiene algunos de los cristales más grandes del mundo.

Pruébalo

¡Haz crecer tus propios cristales! En un vaso, remueve una taza de sal de Epsom con otra de agua mineral muy caliente durante al menos un minuto. Añade un par de gotas de colorante si quieres que los cristales sean de color y ponlo en la nevera. ¡Al cabo de unas horas estará lleno de cristales!

Cristales que cuentan el tiempo

¡Según mi reloj de cuarzo llegas 0,0000002 segundos tarde!

Cuando se pasa una corriente eléctrica a través de algunos cristales, como el cuarzo, vibran a una frecuencia muy precisa. Los cristales de cuarzo se utilizan para hacer relojes y otros aparatos electrónicos para que marquen la hora con precisión.

Los copos de nieve son cristales de hielo que se forman en las nubes cuando el agua se congela. Siempre tienen seis lados o brazos, pero no hay dos iguales.

Diamantes

Los diamantes son cristales de carbono y son la sustancia natural más dura de la Tierra. Se forman a temperaturas extremadamente altas y a presiones muy elevadas en las profundidades del manto, hasta a 190 kilómetros bajo tierra, y después suben a la superficie gracias a las erupciones volcánicas.

Has hecho un viaje muy largo hasta llegar a mi dedo.

Los diamantes más puros son incoloros, pero las impurezas los pueden volver azules, amarillos, naranjas, rojos, verdes, rosas, marrones e incluso negros.

Gemas

De todos los cristales que se forman a partir de minerales, las gemas son los más escasos y los más bonitos. Cuando se extraen de las minas, estos cristales pueden parecer bastante corrientes, pero, una vez tallados y pulidos, muestran el brillo y el lustre que los hacen tan valiosos. Las gemas se clasifican en dos categorías: preciosas y semipreciosas. Dentro de las preciosas, se encuentran el diamante, el rubí, el zafiro y la esmeralda. Entre las semipreciosas hay un gran número de gemas, como la amatista, el ópalo o el topacio. Las amatistas solían considerarse preciosas hasta que se encontró una mina en Brasil con enormes reservas de esta gema, lo que disminuyó su valor.

¡Yo solía ser preciosa hasta que apareció aquel lote!

Zafiros y rubíes

Los dos son cristales de corindón. Los rubíes son rojos porque contienen restos de cromo. Los zafiros pueden ser de varios colores, pero los más valiosos son los azules. Ambas gemas son escasas y muy caras, aunque en los laboratorios se pueden fabricar artificialmente y resultan más baratas.

Me formé en una roca metamórfica durante miles de años.

¡A mí me han hecho en un laboratorio en seis meses!

Algunas gemas no son minerales: el lapislázuli es una roca, el ámbar es resina de árbol fosilizada, el azabache es una forma de carbón y las perlas las fabrican las ostras.

Esmeraldas

Famosa por su color verde, la esmeralda es un cristal de berilo. Las esmeraldas más valiosas no solo se valoran por su color, sino también por su pureza: tienen que tener transparencia para considerarse gemas de calidad superior. En Egipto se ha excavado para localizarlas desde el año 1500 a. C. Cleopatra adoraba las esmeraldas.

¿Qué le gustará? ¿Los diamantes, los zafiros o los rubíes?

Cómo funciona

Tanto el diamante como el grafito son cristales de carbono, pero no podrían ser más diferentes. El diamante es el mineral más duro de todos, y el grafito, uno de los más blandos. ¿Por qué? Porque en el diamante los átomos de carbono se unen en tres dimensiones y en el grafito lo hacen en dos.

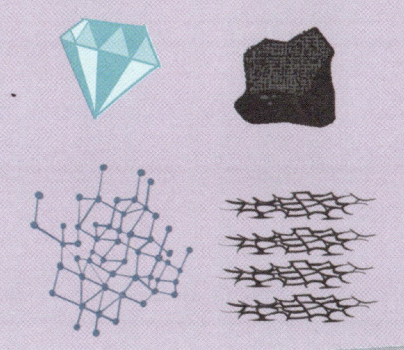

Metales

Del cobre obtenemos dos aleaciones muy importantes. Combinado con estaño produce bronce, un metal mucho más duro. Y combinado con cinc produce latón, un metal muy maleable que sirve para fabricar instrumentos musicales.

Una gran parte de los minerales de la Tierra son metales. Pero, ¿qué son los metales? Son sorprendentemente difíciles de definir porque es un término muy amplio. De hecho, unos tres cuartos de los elementos de la tabla periódica son metales, y van desde el plomo (un metal muy pesado) hasta el aluminio (un metal muy ligero). Suelen ser duros y sólidos (aunque incluyen el mercurio y también el sodio, que es tan blando que se puede cortar como el queso) y conducen la electricidad y el calor.

Hierro y acero

¡Ven, perrito!

El hierro es el elemento más abundante del planeta y el más magnético de todos. Es un metal gris y blando. Entre sus aleaciones se incluyen el acero, el hierro colado y el hierro forjado. El acero es muy fuerte, flexible y barato, y se utiliza para construir coches, barcos, puentes, edificios y herramientas.

¿Qué es el metal?

Cosas duras y brillantes.

¡Buena música!

Aluminio

El aluminio es el metal no férreo (sin hierro) más popular de todos y se utiliza para envasar alimentos y bebidas, así como en la fabricación de coches, aeronaves y teléfonos móviles. A pesar de ser un material muy abundante en la Tierra, no se pudo producir en masa hasta el año 1886, cuando se inventó un proceso práctico para extraerlo del compuesto bauxita.

¡Cómo me gustaría tener un trocito de aluminio para cubrir esto!

Cobre

El cobre fue el primer metal que utilizaron los humanos. La herramienta más antigua del mundo es una lezna (para hacer agujeros) del año 5100 a. C. El cobre continúa siendo un material popular; de hecho, es el tercero más utilizado después del hierro y del aluminio. Además, gracias a su ductilidad (es muy fácil de estirar en forma de hilo) y al hecho de que es un buen conductor de la electricidad, se utiliza para los aparatos electrónicos y el cableado eléctrico.

En realidad, estoy hecha de cobre, pero el metal reaccionó con el oxígeno del aire ¡y me volví verde!

Dato fascinante

El hierro es el sexto elemento más abundante en el universo. Está presente en muchos meteoritos y Marte es de color rojo a causa de su tierra rica en hierro. En la Tierra es un nutriente esencial para las plantas y los animales, y también ayuda a transportar el oxígeno por nuestro cuerpo.

¡Es muy importante tomar hierro!

La importancia de las rocas y de los metales en la historia de la humanidad se ha reflejado en el nombre de los periodos históricos: la Edad de Piedra, la Edad del Bronce y la Edad del Hierro.

Cosas brillantes de estrellas

Todo el oro que hay en la corteza terrestre se originó en el espacio. Las investigaciones científicas indican que hace 4 billones de años un bombardeo de meteoritos lo trajo a nuestro planeta. Agua sobrecalentada con restos de oro atravesó las grietas de las rocas. Estas vetas de oro son las que se excavan en la actualidad. Se cree que el 80 % del oro de la Tierra continúa enterrado.

Oro

Algunos metales, conocidos como *metales preciosos*, son muy valiosos a causa de su escasez, como la plata y el platino, aunque el más preciado de todos es el oro. Durante miles de años ha sido un símbolo de riqueza y se ha utilizado en joyería, obras de arte y monedas. A causa de su elevado coste, la mayor parte de este oro no es puro, sino que se ha mezclado con otros metales. Su pureza se mide en quilates, y el más puro tiene 24. Durante siglos, los alquimistas han intentado transformar metales básicos, como el plomo, en oro. Este fue el origen de la química moderna.

El oro es el metal más dúctil y maleable de todos. Una pieza de oro de 28 gramos se puede estirar en un hilo de 8 kilómetros de largo.

¡Has transformado el plomo en oro! ¿Cómo?

Esto... No me acuerdo.

Bateo

Algunas rocas de oro se desmenuzan a causa de la meteorización y de la erosión. Los ríos las transportan y las depositan en los lugares donde el agua fluye más lentamente. Mucha gente intenta batear este oro. Llenan una batea con agua del río y la agitan. A causa de su peso, cualquier partícula de oro que pueda haber caerá en el fondo.

¿Cuánto cuesta la grava?

El metal médico

El oro se suele utilizar para empastar dientes, también se inyecta para reducir el dolor y la inflamación en los pacientes con tuberculosis y hasta se ha investigado su uso en los tratamientos contra el cáncer.

Su medicina con oro es genial, doctora, ¡menos por el precio!

¿Te lo puedes creer?

¡Puedes comer oro! Chefs de renombre utilizan láminas de oro comestible que añaden una capa dorada a cualquier plato, desde dulces hasta al aceite de oliva. No se digiere, sino que se expulsa directamente. Solo se puede comer el oro más puro, de entre 22 y 24 quilates, y que, además, haya estado procesado exclusivamente para su consumo.

El oro es un metal noble, es decir, que no reacciona prácticamente con nada. Esto significa que no se degrada con la exposición al aire o a la humedad.

25

Minería

La minería afecta al medio ambiente. Antes de empezar a excavar, se talan y se queman los árboles y la vegetación. Además, para poder extraer la mena de metal de las rocas, hay veces que se necesitan productos químicos, que se filtran a los acuíferos y afectan a la vida salvaje.

La Tierra está llena de recursos que utilizamos a diario, como muchas de las rocas y minerales que hemos observado en este libro: la caliza, el mármol, el oro, la plata, los diamantes, los rubíes, el cobre, el hierro... La mayoría de estos recursos se encuentran enterrados y para poder extraerlos se tienen que excavar minas. Pero ¿cómo se sabe dónde excavar? Se realizan estudios geológicos sobre la formación de las rocas y sobre las propiedades físicas y químicas del suelo para localizar depósitos potenciales de minerales.

Pozos mineros

Se construyen pozos para extraer hierro u oro del subsuelo. Se excavan verticalmente hasta que se encuentra una veta; entonces, se excavan galerías horizontales para extraer los minerales.

He estudiado la geología. Sin duda, hay oro aquí abajo.

Minería a cielo abierto

Las minas a cielo abierto o canteras son grandes agujeros en la Tierra con los lados escalonados de donde se extraen rocas y minerales. Con este método se obtienen la grava, la arena y el cobre.

Aquí extraemos arena.

¡Es como un arenero gigante!

La primera mina de la historia seguramente fue una mina de turquesa construida por los antiguos egipcios en Maghara, Sinaí, hace más de 4000 años.

Extracción de la mena

Una vez que se ha extraído de la tierra, es necesario sacar los minerales de la mena. Este proceso puede incluir un tratamiento químico (con ácido), electrólisis (pasar una corriente eléctrica a través) o calor. Para obtener hierro, por ejemplo, se calienta la mena de óxido de hierro en un alto horno para eliminar el oxígeno.

Mena de hierro, coque, caliza

Gases residuales calientes

Gases residuales calientes

400 °C

Alto horno

1800 °C

Inyección de aire caliente

Inyección de aire caliente

Salida del hierro

Hierro fundido

¿Te lo puedes creer?

La mina de oro Mponeng, en Sudáfrica, es la más profunda de la Tierra. Mide más de 4 kilómetros de profundidad y se tarda más de una hora en ir desde la superficie hasta abajo del todo. Se ha perforado hasta los 11 kilómetros para extraer muestras de roca.

Cómo utilizamos las rocas y los minerales

Uso de los metales

Durante toda nuestra vida utilizamos:
- 1633 kg de aluminio
- 580 kg de cobre
- 14 863 kg de hierro
- 365 kg de plomo
- 340 kg de cinc

Algunas personas necesitan más metal que otras.

Hemos usado las rocas y los minerales desde los inicios de la civilización. Las rocas y las piedras fueron los primeros ladrillos, y continúan siendo el material de construcción más importante, seguido de la madera. Los metales comunes, como el hierro y el cobre y sus aleaciones, se han utilizado para fabricar herramientas y armas. En la actualidad, usamos las rocas y los minerales a un ritmo que no para de aumentar para construir máquinas, fábricas, carreteras, ciudades y objetos cotidianos.

Latas de aluminio para bebidas

Cristal de cuarzo y de arena silícea

Botes de comida de acero

Sal de roca

Platos de arcilla

Azulejos de pizarra, de gres o de mármol

Tuberías de cobre o de plomo

¡El conglomerado está por todas partes!

Uno de los principales materiales de construcción de nuestros pueblos y ciudades es el conglomerado. A veces se encuentra en forma de grava, y otras se mezcla con cemento para obtener hormigón, o con alquitrán para crear asfalto, que se utiliza en carreteras, tejados y aparcamientos.

Antes, todo esto era bosque, pero un día será asfalto.

El uranio, un metal, sirve para crear energía nuclear, que nos proporciona calefacción, agua caliente y electricidad.

Reciclar

Archivadores, ordenadores, perchas, bicicletas, picaportes, cuberterías, cazuelas... Todos estos objetos están hechos de metal. Este metal se tiene que sacar de la mena en un proceso que requiere mucha energía y que es muy contaminante, por eso tenemos que reciclar los objetos de metal cuando ya no los necesitamos.

Espero que vuelvas en forma de algo más interesante, como un avión.

Los minerales fosforita, potasa y enmienda caliza se usan como abono para ayudar a que crezcan los cultivos destinados a nuestra alimentación. El agua que bebemos también contiene minerales que la limpian.

Dato fascinante

En cada coche hay más de 15 000 componentes fabricados con minerales.

29

Glosario

Aleación   Metal fabricado a partir de la combinación de dos o más elementos metálicos.

Alquimista   Persona que trató de convertir metales básicos en oro.

Asteroide   Roca grande, de entre un centenar y un millar de metros de ancho, que viaja a toda velocidad por el espacio.

Cementación   Unión de partículas bajo presión.

Compactación   Compresión de partículas bajo presión.

Compuesto   Sustancia formada por dos o más elementos.

Conductor (de electricidad)   Material capaz de transmitir electricidad.

Cristal   Sustancia sólida con una forma geométrica regular y con facetas ordenadas simétricamente.

Dúctil   Capaz de ser transformado en un hilo muy fino.

Erosión   Proceso de transporte de alguna cosa de un lugar a otro iniciado por el viento, por el agua o por otras fuerzas naturales.

Corteza   Capa más superficial y rocosa de un planeta, como, por ejemplo, la Tierra.

Evaporación   Transformación de un líquido en vapor.

Hierro colado   Aleación dura y quebradiza de hierro y carbono que se puede amoldar.

Hierro forjado   Forma de hierro, dura y maleable, apta para la forja o el enrollamiento, no para amoldar.

Fundido   Se dice del material que se ha licuado con el calor.

Fósil   Restos de un animal o de una planta mantenidos en una roca.

Geólogo/a   Persona experta en la estructura física y en las sustancias de la Tierra.

Magma   Material caliente y semilíquido que se encuentra bajo la corteza de la Tierra.

Maleable (metal)   Capaz de ser golpeado o presionado de una determinada forma sin que se rompa o se agriete.

Manto   Parte caliente del interior de la Tierra que se encuentra entre la corteza y el núcleo.

Mena   Material sólido de origen natural del que se extraen metales o minerales valiosos.

Meteorito   Trozo de roca que ha caído a la Tierra desde el espacio.

Mineral   Material sólido hecho de una sola sustancia que se origina de manera natural.

Molécula   Grupo de átomos unidos.

Núcleo   Parte central y densa de un planeta, como, por ejemplo, la Tierra.

Placas tectónicas   Placas gigantescas que forman la corteza terrestre.

Roca ígnea   Roca formada por la solidificación de lava o magma.

Roca metamórfica   Roca que se ha transformado en otro tipo de roca mediante el calor y la presión.

Roca sedimentaria   Roca formada por sedimentos que se han depositado gracias al agua o al viento.

Sedimentos   Partículas transportadas por el agua o por el viento y depositadas en la superficie de la Tierra o en un lecho marino.

Tabla periódica   Tabla de todos los elementos químicos de la Tierra.

Tuberculosis   Enfermedad infecciosa en la cual se produce una inflamación de los tejidos, especialmente de los pulmones.

Veta   Capa subterránea de un mineral, como, por ejemplo, oro o carbón.

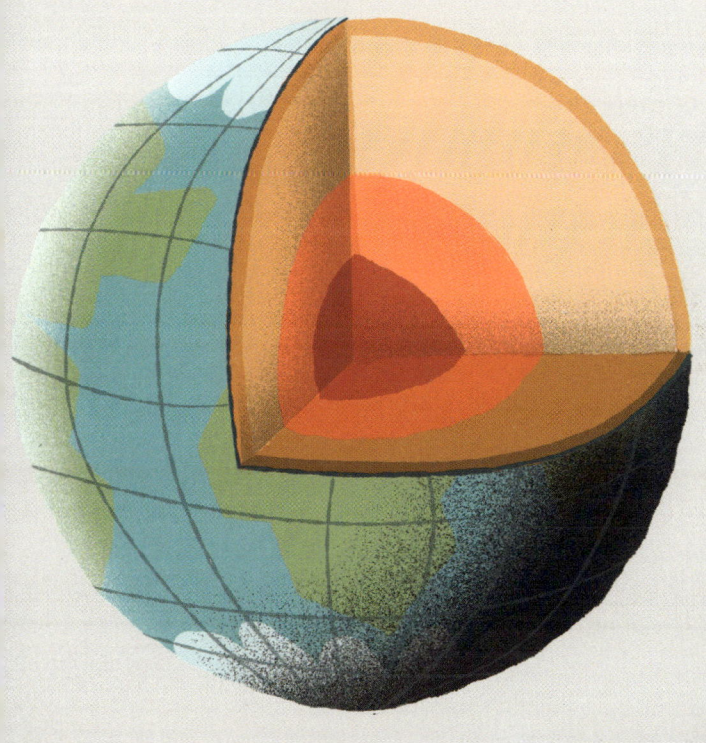

Índice analítico

A
acero   22, 28
afloramiento   7
aluminio   6, 16, 22, 23, 28
amatista   20
arena   6, 12, 13, 27, 28

B
basalto   6, 10, 11

C
calcio   6, 13, 16
caliza   12, 13, 14, 26, 27
canteras   27
cementación   9, 12
ciclo de las rocas   8, 9
cinc   22, 28
cobre   5, 16, 22, 23, 26, 27, 28
compactación   9, 12
corteza   6, 7, 10, 16, 24
cristales   8, 10, 11, 12, 16, 18, 19, 20, 21
cuarzo   5, 11, 16, 19, 28

D
deriva continental   7
diamantes   5, 17, 18, 20, 21, 26

E
esmeraldas   18, 20, 21
estaño   22, 26

F
feldespato   11
fósiles   12, 13, 15

G
gemas   20, 21
grafito   21
granito   6, 10, 11, 26
grava   25, 27, 29
gres   12, 13, 28

H
hierro   6, 16, 22, 23, 26, 27, 28

L
lava   10, 11
lutita   15
lutolita   13, 15

M
magma   7, 8, 9, 10, 14
manto   6, 7, 8, 9, 10, 20
mármol   14, 26, 28
mercurio   5, 17, 22
metales   16, 17, 22, 23, 24, 25, 26, 28, 29
minería   26, 27

N
núcleo   6

O
obsidiana   10, 11
oro   5, 24, 25, 26, 27

P
pizarra   13, 14, 15, 28
placas tectónicas   7, 8, 9, 14
plata   24, 26
plomo   22, 24, 28

R
roca ígnea   8, 9, 10, 11, 14
roca metamórfica   8, 9, 14, 15, 21
roca sedimentaria   8, 9, 12, 13, 14, 15
rubíes   18, 20, 21, 26

S
sal   18, 19, 28
sedimentos   12
sodio   6, 16, 22
sustrato rocoso   6, 7

T
Tierra   6, 7
tiza   13

V
volcán   7, 10, 11

Z
zafiro   20, 21